DIE KÖNIGIN MORGANA

Margot Beier

> *Gustav ist ein guter König, aber er hat eine sehr böse Schwester, die Zauberin Morgana. Sie möchte ihn töten, damit sie die Königin des schönen Schlosses von Schwanstein werden kann.*
> *Aber Gustav hat zwei gute Freunde.*

ERSTE LEKTÜREN

BELIEBTE GESCHICHTEN IN EINEM BÜCHLEIN.
SIE SIND LEICHT ZU LESEN UND AUßERDEM LUSTIG!

IDEE FAY REDDITCH
BEARBEITUNG, ÜBUNGEN UND WORTERKLÄRUNGEN MARGOT BEIER
EDITING MONIKA KOPETZKY • *ZEICHNUNGEN* JENNIFER NICOLAUS

DIE KÖNIGIN MORGANA

Die Königin Morgana ist eine Zauberin[1]. – Eine böse Zauberin!
Sie sitzt mit ihrer schwarzen Katze, Tabs genannt, auf dem Thron[2] und zaubert[3].

1. *e Zauberin*

„Hier ist eine Tasse Tee für Sie", sagt Marie, ihr Dienstmädchen[4].
„Ich mag keinen Tee!", schimpft Morgana.
„Tee ist furchtbar!"

2. *r Thron*   3. *zaubern*   4. *s Dienst-mädchen*

✎ **Ergänze folgende Sätze mit** „ich mag"
oder „ich mag kein, e, en"!

Ich mag Pflaumen.
Ich mag keine Ananas.
.... Tee.
.... Milch.
.... Kaffee.
.... Kakao.
.... Marmelade.
.... Honig.
.... Kuchen.

✎ **Beantworte folgende Fragen!**

Was trinkst du am liebsten?
....

Was isst du am liebsten?
....

Welchen Sport treibst du am liebsten?
....

Morgana schüttet grünes Pulver[1] in den Tee. „Trink den Tee!", befiehlt sie. Die arme Marie hat Angst[2] vor der Königin und trinkt den Tee schnell aus. In wenigen Minuten ist das arme Mädchen eine Maus! Tabs springt vom Schoß der Zauberin und jagt[3] die Maus durch das Zimmer.

1. s Pulver

2. *Angst haben*

3. *verfolgen*

✎ **Setze die richtigen Präpositionen in die Lücken ein!**
auf – auf – auf – aus – aus – aus –
im – im – in – über – von

Die Katze sitzt .... dem Schoß .... Morgana.

Die Maus läuft .... dem Zimmer hinaus.

Sie trinkt den Tee .... der Tasse.

Sie schüttet Pulver .... den Tee.

Er lacht .... ihren Brief.

Er antwortet .... ihre Einladung.

Morgana sitzt .... dem Thron.

Sie liest .... dem Buch vor.

König Gustav lebt .... Schloss Schwanstein.

Das Dienstmädchen ist .... Zimmer.

König Gustav ist der Bruder von Morgana. Er lebt in Schwanstein. Es ist ein wunderschönes Schloss und Morgana ist eifersüchtig[1].

„Ich will Königin von Schwanstein sein", denkt[2] Morgana.

„Ich muss eine schreckliche Zauberformel für Gustav erfinden!", sagt sie.

1. *eifersüchtig sein*

2. *denken*

✎ **Welche Laute gehören zu den Tieren?**
Zeichne die fehlenden Tiere!
miauen – piepsen – zwitschern –
bellen – wiehern – grunzen

„**I**n was kann ich ihn verwandeln? Vielleicht in eine Ratte? Nein, Ratten sind zu einfach. In eine Schlange? In einen Frosch? Nein, nicht in einen Frosch. Eine dumme Prinzessin würde ihn küssen[1] und im Nu würde er sich wieder ver-

1. *küssen*

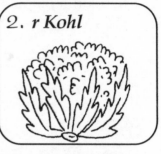

2. *r Kohl*

wandeln und nach Schwanstein zurückkehren! Oh, ich weiß, ich werde ihn in einen Wurm verzaubern. Er kann im Garten leben und Kohl[2] fressen! Ha, ha, ha!"

8

✎ **Wie heißen die Tiere? Schreib die richtigen Namen darunter!**

Morgana schreibt
einen Brief an Gustav
und schickt ihm einen
schönen Umhang[1].
„Bitte komm mich
besuchen", schreibt sie.
„Zieh den Umhang an",
sagt Gustav zu seinem
Diener[2]. Der Mann
hängt sich den Umhang
um und dieser beginnt
zu brennen[3]!
„Meine Schwester ist
schrecklich", schimpft
Gustav und schreibt ihr
zurück. „Liebe Morga-
na, ich werde nicht kommen! Gustav."

1. *r Umhang*

2. *r Diener*

3. *brennen*

✎ **Nummeriere die einzelnen Buchstaben des Alphabets!**

A – B – C – D – E – F – G – H – I – J –
K – L – M – N – O – P – Q – R – S –
T – U – V – W – X – Y – Z – Ä – Ö – Ü

A = 1, B = 2, D = 3 ...

✎ **Lies nun den Brief von Gustav an Morgana!**

Liebe Morgana,
22-9-5-12-5-14   4-1-14-11   6-29-18
4-5-9-14-5-14   2-18-9-5-6   4-5-9-14-5
7-5-19-3-8-5-14-11-5   19-9-14-4
9-13-13-5-18
19-3-8-18-5-2-11-12-9-2-8.
Nein, danke. Ich komme nicht. – Gustav.

....

....

....

Eines Tages sind Gustav und sein Freund Friedrich am Strand[1]. „Schau mal", sagt Friedrich, „ist das nicht ein schönes Schiff? Komm, wir gehen an Bord[2]." Es ist wirklich ein schönes buntes Schiff. Die Segel sind rosa, das Deck[3] ist

1. *r Strand*

2. *an Bord gehen*

3. *s Deck*

gelb und die Türen der Kabinen sind blau.

✎ **Fragen zum Text.**

Was trinkt Morgana nicht gern?

....

In was verzaubert Morgana das Dienstmädchen?

....

In was will Morgana ihren Bruder verzaubern?

....

Wo steht das Schloss?

....

Was sehen Gustav und sein Freund vom
Strand aus?

....

Welche Farbe haben die Segel, das Deck
und die Türen der Kabinen?

....

„**O**h, ja", ruft Gustav. Aber das Schiff[1] ist leer[2].

1. s Schiff

2. leer   voll

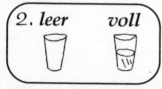

3. s Segel

„Eigenartig", wundert sich Friedrich. Sie sehen Morgana hinter dem Segel[3] nicht. Sie gehen hinunter in die Kajüte. Dort ist alles mit bunten Lampen an den Wänden beleuchtet und der Tisch ist gedeckt.

 **Finde folgende Wörter im Gitter!**

Ü = UE

Deck – Kabine – Kajüte – Lampe –
Schiff – Segel – ~~Strand~~ – Tisch

K	A	J	U	E	T	E	X
A	S	D	E	G	H	L	M
B	Q	D	N	A	R	T	S
I	O	V	W	Y	D	I	E
N	Y	D	E	C	K	S	G
E	P	M	A	L	P	C	E
X	W	A	P	M	G	H	L
Z	S	C	H	I	F	F	B

„**O**h Gott, ich habe Hunger[1]", sagt Friedrich. Die beiden Männer essen und trinken und gehen schlafen. Als Gustav aufwacht[2], sitzt er in einem Kerker[3]. Sein berühmtes Schwert Excalibur ist nicht da! Morgana hat sich in ein junges Mädchen verwandelt und bringt Gustav Wasser in die Zelle.

1. *Hunger haben*

2. *aufwachen*

3. *r Kerker*

ÜBUNGEN

✎ **Setze folgende Adjektive ein!**

arm – durstig – hungrig – jung –
lustig – müde – neidisch – reich –
schön

Morgana ist .... auf ihren Bruder.

Das Mädchen ist .... (*hat kein Geld*)

Die Männer sind ....(*haben Hunger*)

Der König ist .... (*hat viel Geld*)

Nach dem Essen ist Gustav ....
(*er möchte schlafen*)

Die Prinzessin ist .... (*nicht hässlich*)

Die Kinder sind .... (*tanzen und
singen*)

Der Junge ist .... (*nicht alt*)

Die Männer sind .... (*haben Durst*)

1. *gefangen* *frei* 2. *r Kampf*

„**W**ie geht es Ihnen, mein Herr?",
fragt Morgana. „Wer bist du? Wo bin
ich? Wo ist mein Freund? Warum bin
ich im Gefängnis?"
„Die Schlossdame sagt, dass du frei[1]
sein wirst", antwortet Morgana, „aber
zuerst musst du einen Kampf[2] mit
einem furchtbaren Mann ausfechten."
„In Ordnung", sagt Gustav, „aber lass
mich frei!", schreit er ärgerlich.

ÜBUNGEN

✎ **Beantworte die Fragen zu deiner Person!**

Wer bist du?

....

Wo bist du?

....

Wo sind deine Freunde?

....

Bist du Deutsche/r?

....

Woher kommst du?

....

Wie alt bist du?

....

Hast du Geschwister?

....

Dann geht Morgana zu Friedrichs Zelle[1]. „Lass mich frei!", schreit[2] er. „Du wirst frei sein", sagt Morgana. „Aber vorher musst du gegen einen schrecklichen Mann kämpfen." „Wer ist dieser Mann?", fragt Friedrich. „Ich kenne seinen Namen nicht, aber ich weiß, dass er sehr böse[3] ist", sagt Morgana. „Schon gut, ich akzeptiere", antwortet Friedrich.

1. e Zelle

2. schreien

3. böse   gut

✎ **Stelle Fragen zu den folgenden Antworten!**

....?

Mein Freund heißt Andreas.

....?

Ich lebe in Berlin.

....?

Ich bin 20 Jahre alt.

....?

Meine Eltern sind in Urlaub.

....?

Nein, ich habe keine Geschwister.

....?

Ich trinke lieber Kaffee.

....?

Margot isst lieber Fisch.

Am nächsten Morgen um acht Uhr stehen die beiden Männer auf einem Feld[1] vor dem Schloss. Sie tragen eine Rüstung[2] und Helme[3]. Morgana gibt Gustav ein Schwert. Dem König gefällt dieses Schwert nicht. Es ist alt und schwer[4]. Es ist nicht sein Excalibur!

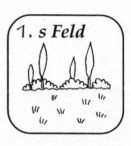

1. *s Feld*

2. *e Rüstung*

3. *r Helm*

4. *schwer*

✎ **Setze die Wörter in die richtige Reihenfolge und bilde Sätze!**

verzaubert – in – Morgana – Gustav –
Wurm – einen

....

will – Sie – von – Königin – Schwanstein –
werden

....

Freund – von – Der – Gustav – Friedrich –
heißt

....

sehen – ein – Sie – Schiff – schönes

....

das – in – Dienstmädchen – verzaubert –
Morgana – Maus – eine

....

trägt – Gustav – Helm – einen

....

Morgana gibt auch
Friedrich ein Schwert[1].
Es ist schön und leicht[2].
Es ist das Schwert
Excalibur! „Gib mir
mein Schwert!",
schreit Gustav. Aber
sein Freund kann
ihn nicht hören.
Gustav weiß, dass
er in Gefahr ist.
Mit Excalibur
kann er ge-
winnen[3], aber
mit diesem
alten Schwert
wird er
verlieren[3].

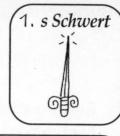

1. s Schwert

2. schwer   leicht

3. gewinnen   verlieren

✎ **Antworte mit „ja" oder „nein"!**
   Bilde ganze Sätze!

Ist Friedrich der Bruder von Morgana?

....

Ist das Schiff weiß?

....

Ist Morgana eine Zauberin?

....

Erkennt Gustav seine Schwester sofort?

....

Schlafen Gustav und Friedrich auf dem
Schiff?

....

Tötet Friedrich seinen Freund Gustav?

....

Schüttet Morgana grünes Pulver in den Tee?

....

Der König und der Ritter[1] kämpfen lange. Sie springen nach rechts[2] und nach links[2]. Die Schwerter klingen. Sie schwitzen unter der Rüstung. Aber Friedrich hat Excalibur und bald

1. *r Ritter*

2. *links*   *rechts*

3. *verletzt sein*

fällt Gustav verletzt[3] zu Boden. „Gut!", ruft Morgana. „Nun töte ihn und du bist frei!"

✐ **Verbinde die richtigen Körperteile mit den Wörtern!**

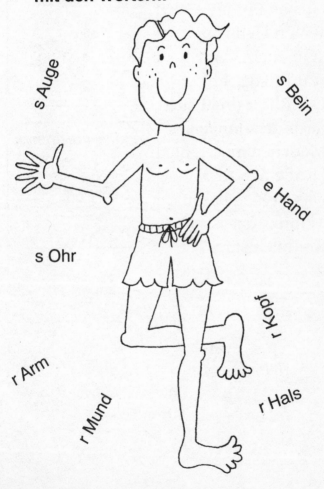

s Auge

s Bein

e Hand

s Ohr

r Kopf

r Arm

r Mund

r Hals

Friedrich zielt mit seinem Schwert auf Gustavs Herz[1].

1. s Herz

„Sag mir deinen Namen", sagt Friedrich, „bevor du stirbst[2]!"

Gustav nimmt seinen Helm ab. „Oh, mein Gott!", ruft Friedrich.

2. sterben

Der Ritter dreht sich nach dem jungen Mädchen um[3].
„Ruf einen Arzt! Das ist kein böser Mann… das ist König Gustav!"

3. sich umdrehen

ÜBUNGEN

✎ **Richtig oder falsch?**
Bei richtiger Lösung ergeben die angekreuzten Buchstaben eine Großstadt in Deutschland.

	R	F
Morgana möchte die Königin von Schwanstein sein.	B	A
Sie verzaubert den Bruder in eine Maus.	F	E
Das Schiff hat viele Farben.	R	I
Die Türen der Kabinen sind blau.	L	T
Gustav und Friedrich finden nichts zu essen.	M	I
Innen im Schiff ist alles dunkel.	S	N

Wie heißt die Stadt? ....

„Ich werde ihm helfen", sagt ein Mann. „Merlin!", ruft Gustav. Merlin bewegt seine Hände über dem Kopf des jungen Mädchens. „Du siehst", sagt er, „es ist Morgana, deine Schwester!" Gustav schickt Morgana weg. „Und komm nie wieder zurück!", schreit er. Morgana lächelt[3]. „Eines schönen Tages werde ich zurückkommen, lieber Bruder… zurück nach Schwanstein!"

1. *bewegen*

2. *lächeln*

ÜBUNGEN

✎ **Setze das richtige Verb in die Lücken der folgen Sätze!**

stehen – stellen – liegen – legen

Die Zeitung .... auf dem Tisch.

Der Mann .... vor dem Kino.

Robert .... die Lampe in die Ecke.

Der Teppich .... unter dem Tisch.

Jetzt .... ich mich ins Bett.

Der Schrank .... im Schlafzimmer.

✎ **Beantworte folgende Fragen!**

Wer ist Gustav?

....

Wer ist Morgana?

....

Warum kämpfen Gustav und Friedrich?

....

....

....

© 2003 La Spiga languages • DRUCK IN ITALIEN TECHNO MEDIA REFERENCE • MAILAND
VERTRIEB MEDIALIBRI • VIA IDRO 38, 20132 MAILAND • ITALIEN • TEL. 02 27207255 • FAX 02 2567179